ちかみち CHIKAMICHI

高校入試

# 近道問題 22 漢字・ことばの知識

## この本の特色

### ① コンパクトな問題集

入試対策として必要な単元・項目を短期間で学習できるよう、コンパクトにまとめた問題集です。直前対策としてばかりではなく、自分の弱点を見つけ出す診断材料としても活用できるようになっています。

### ② 豊富なデータ

英俊社の「高校別入試対策シ[illegible]「公立高校入試対策シリーズ」の[illegible]などから問題を厳選してありま[illegible]

### ③ よく出る漢字と知識問題

実際の入試問題で、よく[illegible]字と知識問題を収録しました。[illegible]めて復習できるので、必ず丸付[illegible]つけてください。丸の少ない[illegible]ることで、得点アップにつな[illegible]え

### ④ 漢字は書き込み式のレイアウ[illegible]

漢字の読み書きは、実際に書[illegible]覚えるのが一番です。解答欄に書き込みながら、一つひとつ確認してください。また、解答欄を下に配置しているので、解答欄に書き込んだ後は、その部分を隠して、繰り返し何度でも取り組めます。

## この本の内容


漢字

1 書きとり① …… 2
2 書きとり② …… 4
3 書きとり③ …… 6
4 書きとり④ …… 8
5 書きとり⑤ …… 10
6 書きとり⑥ …… 12
7 書きとり⑦ …… 14
8 書きとり⑧ …… 16
9 読みがな① …… 18
10 読みがな② …… 20
11 読みがな③ …… 22
12 読みがな④ …… 24
13 読みがな⑤ …… 26

漢字・ことばの知識

14 同音・同訓 …… 28
15 部首・筆順・書写 …… 30
16 熟語の構成・熟語の完成 …… 32
17 類義語・対義語 …… 34
18 四字熟語 …… 36
19 慣用句・ことわざ・故事成語 …… 38

解答・解説 …… 別冊

# 1 書きとり①

次の傍線部のカタカナの語を漢字になおしなさい。

(1) さまざまな生物のイトナみ。（ノートルダム女学院高）（　　）

(2) 「よい彼のイメージ」が生まれてくるカテイといえるでしょう。（博多女高）（　　）

(3) 姫君たちは、ヨウイに男たちの前に姿を見せません。（福岡舞鶴高）（　　）

(4) 波がオダやかで泳ぎやすそうだよ。（大阪薫英女高）（　　）

(5) 日本人にもフキュウした趣味。（関西学院高）（　　）

(6) 祖父母の家にアズけられていた。（大阪教大附高池田）（　　）

(7) 泥の海のすぐ近くに小さい家をカりた。（大阪女学院高）（　　）

(8) 私のセンモンは理系。（神戸国際大附高）（　　）

(9) これは、テンケイ的な「思考停止」である。（四天王寺東高）（　　）

(10) 毎日同じことをシテキされる。（三田学園高）（　　）

(11) 海面に釣り糸をタらす。（福島県）（　　）

⑿ 物事にシンケンに向き合っている。（精華高）（　　）
⒀ モチベーションをイジする。（神戸星城高）（　　）
⒁ 返事をするのがメンドウだった。（平安女学院高）（　　）
⒂ 目はかなりキンチョウしている。（近江高）（　　）
⒃ フクザツな生態系。（静岡県）（　　）
⒄ 親切さをハッキすることもある。（智辯学園高）（　　）
⒅ イチジルしい高齢化の進行。（京都精華学園高）（　　）
⒆ 研究費をカクトクする可能性が高い。（立命館宇治高）（　　）
⒇ 人工知能が全てハアクする。（大阪暁光高）（　　）
(21) 独りで生きてきたことを少しコウカイした。（賢明学院高）（　　）
(22) 海外進出を積極的にテンカイし始めた。（金光大阪高）（　　）
(23) 月は地球のエイセイだ。（茨城県）（　　）
(24) 社会が全くヨユウがなかったら？（滝川第二高）（　　）
(25) コミュニケーションがキオクに残る。（滝川高）（　　）

# 2 書きとり②

次の傍線部のカタカナの語を漢字になおしなさい。

(1) イガイとずうっと黙ったままだったかも。（滋賀学園高）（　　）
(2) 人と人とのセッショクを減らす。（橿原学院高）（　　）
(3) とうとうガマン出来なくなった。（大阪国際高）（　　）
(4) 今まで見たことのない自然カンキョウ。（金光藤蔭高）（　　）
(5) 自由に伸びチヂみできるようにする。（神戸国際大附高）（　　）
(6) なにかが欠けていることのショウコ。（ノートルダム女学院高）（　　）
(7) マネー資本主義のシントウとともに。（九州産大付九州高）（　　）
(8) 海にノゾむ美しい町並み。（初芝橋本高）（　　）
(9) 自分の不勉強を非難されているようなサッカク。（西大和学園高）（　　）
(10) 感動などと言ってスませようとした。（筑紫女学園高）（　　）
(11) この意見は明らかにムジュンしている。（関西大学北陽高）（　　）

(12) もっとビンカンに季節に反応していた。（関西創価高）（　　）
(13) 柱時計が時をキザむ。（北海道）（　　）
(14) インド大陸がユーラシア大陸にショウトツした。（神戸山手女高）（　　）
(15) 着彩をテッテイして排している。（九州産大付九州高）（　　）
(16) どのハンイの人と、どの程度のレベルで一致できるか。（福岡大附大濠高）（　　）
(17) それを科学の研究タイショウにしてきた。（大阪青凌高）（　　）
(18) 欲求がより満たされていない状態にオチイりかねない。（神戸龍谷高）（　　）
(19) イサン相続になると出てくる。（大阪星光学院高）（　　）
(20) ブログのコウシンを始めた。（京都教大附高）（　　）
(21) 働くことにホコりと喜びを持つ。（東海大付福岡高）（　　）
(22) 人口のスイイをグラフにまとめる。（山梨県）（　　）
(23) 二種類のゾウリムシを一つの水槽でいっしょにカう。（東大谷高）（　　）
(24) 一つ一つの動作をテイネイにしていきます。（奈良学園高）（　　）
(25) 新鮮な驚きが生じるヨチがなくなっていく。（智辯学園和歌山高）（　　）

# 3 書きとり ③

次の傍線部のカタカナの語を漢字になおしなさい。

(1) ジュンジョよく並ぶ。(大阪府)（　　）

(2) 試合の結果をブンセキする。(比叡山高)（　　）

(3) 理不尽な暴力にテイコウする。(香里ヌヴェール学院高)（　　）

(4) アヒルが入ってきたら、あつかいにコマる。(長崎県)（　　）

(5) 新たな発想であるとか、ソウゾウ的な思考を求められる。(花園高)（　　）

(6) 二人の絵はタイショウ的だった。(奈良文化高)（　　）

(7) カンタンな防水加工をしてある。(香ヶ丘リベルテ高)（　　）

(8) 夏の日差しをふんだんにアびる。(大阪薫英女高)（　　）

(9) 意識の奥底にカクれている。(筑陽学園高)（　　）

(10) 攻撃のハバがぐんと広がる。(星翔高)（　　）

(11) 彼は自らつくった劇団をヒキいて公演を行った。(愛知県)（　　）

⑿ その知名度はアットウ的である。（四條畷学園高）（　　）

⒀ 丹波《たんば》の出雲大社《いずもたいしゃ》にマネかれた。（沖縄県）（　　）

⒁ 意識的に方向テンカンし、過ちを修正する。（初芝立命館高）（　　）

⒂ ゴカイのないように言っておく。（近畿大泉州高）（　　）

⒃ デパートのモヨオし物会場。（帝塚山学院泉ヶ丘高）（　　）

⒄ 収量の多いイネは生産コウリツも良かった。（天理高）（　　）

⒅ 子育てが終ってタイクツしている年上の母親。（神戸山手女高）（　　）

⒆ 見知らぬ人たちと出会って、ぶつかるカベ。（博多女高）（　　）

⒇ 異なる立場の他者にナットクしてもらう。（奈良大附高）（　　）

(21) 声にならない悲鳴をシボり出す。（東大阪大柏原高）（　　）

(22) 教材はシンチョウに選ばねばならない。（近大附和歌山高）（　　）

(23) トウトツに話を始める。（明星高）（　　）

(24) ユルやかな上り坂だ。（平安女学院高）（　　）

(25) 都市のミリョクを体験する。（神戸学院大附高）（　　）

# 4 書きとり④

次の傍線部のカタカナの語を漢字になおしなさい。

(1) 人形を意のままにアヤツる。（大阪学芸高）（　　）

(2) サイバイ植物と家畜。（同志社国際高）（　　）

(3) 生物のトクチョウに多様性が生まれる。（神戸星城高）（　　）

(4) ジュンスイに、この詩を声だけによって聞いた。（京都市立堀川高）（　　）

(5) 私は鳥にはあまりクワしくない。（大阪電気通信大高）（　　）

(6) 詩は、ある思いがドウキになって書かれる。（精華女高）（　　）

(7) 家族の手元に届くホショウがありません。（東福岡高）（　　）

(8) 子孫たちのフタンを少しでも軽くする。（姫路女学院高）（　　）

(9) リクツっぽいことばっかり言ってる。（博多女高）（　　）

(10) 切ないソウシツ感もともなっていた。（東大寺学園高）（　　）

(11) タンテキな例を示す。（桃山学院高）（　　）

⑿　木のミキにセミがとまる。　（徳島県）（　　）

⒀　ますますのごハッテン、お祈り申し上げます。　（大阪学院大高）（　　）

⒁　うまくムカえてくれるよう頼む。　（星翔高）（　　）

⒂　情報であるDNAをソウサする。　（同志社国際高）（　　）

⒃　想定外のジタイを、なんとか乗り越える。　（神戸国際大附高）（　　）

⒄　ピアノをエンソウする。　（大阪府）（　　）

⒅　水槽のなかのナマズがアバれていた。　（立命館守山高）（　　）

⒆　予算決定のケイイを説明する。　（履正社高）（　　）

⒇　ユカイそうに笑う息子。　（金光大阪高）（　　）

(21)　集団の価値観だけをシシンに行動している。　（滝川高）（　　）

(22)　只今述べられた意見に、イギはない。　（太成学院大高）（　　）

(23)　ハンドルがユれる。　（昇陽高）（　　）

(24)　考えるのをホウキして「わかりません」とだけ答えた。　（帝塚山高）（　　）

(25)　カンケツな表現を心がける。　（初芝橋本高）（　　）

# 5 書きとり ⑤

次の傍線部のカタカナの語を漢字になおしなさい。

(1) これまでうちの最高セイセキは県大会。（東大阪大敬愛高）（　　）

(2) オサナい妹と遊ぶ。（三重県）（　　）

(3) 二年生全員を美術館にごショウタイしたい。（梅花高）（　　）

(4) 果物屋の店頭にナラんでいる。（山口県）（　　）

(5) 著者のイトを正確に読もうとする。（関西福祉科学大学高）（　　）

(6) スズメバチ相手に全滅カクゴで立ち向かっていく。（綾羽高）（　　）

(7) テれた顔。（京都文教高）（　　）

(8) 表現の自由のホショウ。（神戸常盤女高）（　　）

(9) 趣味においても大いにカツヤクしている。（福岡工大附城東高）（　　）

(10) 世界とコウショウし、世界に学ぶ。（筑陽学園高）（　　）

(11) 顔がニている。（和歌山県）（　　）

⑿ 工場のキボを拡大する。（甲子園学院高）（　　）

⒀ 「人は一人では生きていけない」というこれまでのゼンテイ。（日ノ本学園高）（　　）

⒁ リーダーと呼ばれる人間にとっては欠かせないシシツ。（京都廣学館高）（　　）

⒂ ゲンコウ用紙を使う。（大阪商大高）（　　）

⒃ 麦のシュウカクの時期。（賢明学院高）（　　）

⒄ それぞれに合わせたやり方にユダねられています。（福岡大附大濠高）（　　）

⒅ 記者としてのクンレンを受けた。（大阪信愛学院高）（　　）

⒆ 法律や数学の文章のように「場」をハイジョした。（四天王寺高）（　　）

⒇ 草原にムれをなす馬。（千葉県）（　　）

(21) エンジュクした芸風。（山形県）（　　）

(22) 作物をチョゾウする。（華頂女高）（　　）

(23) リュックサックをダきしめる。（京都明徳高）（　　）

(24) 毎日食べてるからアきちゃったよ。（明浄学院高）（　　）

(25) 一生ケンメイ世話をしていました。（東大阪大柏原高）（　　）

# 6 書きとり ⑥

次の傍線部のカタカナの語を漢字になおしなさい。

(1) インショウに残ったり、記憶されたりする。（浪速高）（　　）
(2) 注意をハラう。（大阪商大高）（　　）
(3) 少しずつナれていく。（福岡工大附城東高）（　　）
(4) イッサイの討議をこばむ。（太成学院大高）（　　）
(5) できればサけて通りたい。（綾羽高）（　　）
(6) 光はいくつものスジに分かれる。（山口県）（　　）
(7) クヤしい思いで二人の会話を聞いている。（園田学園高）（　　）
(8) 自分の友人は誰かと考えてセンタクする。（清風高）（　　）
(9) 堅い丸椅子をススめてくれた。（西南学院高）（　　）
(10) かりにグウゼンではなかったとしても。（関西学院高）（　　）
(11) 「国民国家」という感覚がウスい。（育英西高）（　　）

⑿　音楽に比べれば「コドクな鑑賞」の側面が強い。（灘高）（　　）
⒀　フシン者の情報が流れる。（報徳学園高）（　　）
⒁　勇気をフルって立ち向かう。（大阪学芸高）（　　）
⒂　大会の優勝コウホ、赤のユニフォームの紅星。（中村学園女高）（　　）
⒃　大切なことはよくケントウして決めよう。（大阪偕星学園高）（　　）
⒄　人間は自然をハカイしすぎた。（大阪薫英女高）（　　）
⒅　ケイタイ電話の待ち受けに使っていた。（博多女高）（　　）
⒆　両方をうまくオり交ぜる。（静岡県）（　　）
⒇　文字をヘンカンする。（初芝富田林高）（　　）
(21)　日本は欧米の強いエイキョウを受けた。（龍谷大付平安高）（　　）
(22)　ビミョウなズレなどを消し去ってしまう。（金光八尾高）（　　）
(23)　トナリにどかっと座ってきた。（神戸山手女高）（　　）
(24)　ゲンミツに審査する。（山形県）（　　）
(25)　手厚いもてなしにキョウシュクする。（関西大学北陽高）（　　）

# 7 書きとり ⑦

次の傍線部のカタカナの語を漢字になおしなさい。

(1) 事を荒立てないようにスナオにうなづく。（立命館高）（　　）
(2) デザイナーという職業がカクリツする。（金光八尾高）（　　）
(3) 若くて経験にトボしい。（関大第一高）（　　）
(4) 外来生物を敵としてコバむこともある。（比叡山高）（　　）
(5) ほとんどがハデな表紙のミステリー。（華頂女高）（　　）
(6) ケンゼンな生態系と生き物がかならず必要。（初芝立命館高）（　　）
(7) 説明を図解でオギナう。（三重県）（　　）
(8) 待っている緊張感からの解放にキインしている。（関西大倉高）（　　）
(9) 研ぎスまされた空気。（京都外大西高）（　　）
(10) 「本当？　絶対？」とジモンしてみる。（神港学園高）（　　）
(11) 寒さから逃れるにはゼッコウのエリア。（金光藤蔭高）（　　）

⑿ 最初に科学的でタイケイ的な答えを与えた。（ノートルダム女学院高）（　　）
⒀ あり得ないようなオンケイを受ける。（京都橘高）（　　）
⒁ 本当にカクシンを衝く情報。（中村学園女高）（　　）
⒂ フィクションの中にボウダイなディテールを引き込む。（東大寺学園高）（　　）
⒃ 畑をタガヤす。（鹿児島県）（　　）
⒄ 戦争のギセイになる。（賢明学院高）（　　）
⒅ シンコクな問題。（甲子園学院高）（　　）
⒆ ガラケーなりにネットを、クシする。（奈良学園高）（　　）
⒇ 争いをチュウサイする。（岐阜県）（　　）
(21) 集団の生活をソシキし、計画する。（大阪夕陽丘学園高）（　　）
(22) なんとかヘイセイを装《よそお》う。（明浄学院高）（　　）
(23) 飛行機のモケイを組み立てる。（島根県）（　　）
(24) 海外からユウビンが届く。（山梨県）（　　）
(25) 特に数学においては、それがケンチョです。（近大附高）（　　）

# 8 書きとり ⑧

次の傍線部のカタカナの語を漢字になおしなさい。

(1) ボルネオの熱帯雨林をオトズれた。（静岡県）（　　）
(2) 新キカクに挑戦する。（大阪商大高）（　　）
(3) 道がケワしくてまだたどり着いていない。（立命館高）（　　）
(4) 熱いお茶がサめる。（群馬県）（　　）
(5) 仕事だったのは、コウコク代理店の営業だ。（博多女高）（　　）
(6) 子どものころ、コンチュウ採集が好きだった。（神戸村野工高）（　　）
(7) 先輩たちのイサましい姿を見届けよう。（鹿児島県）（　　）
(8) だからベートーヴェンはイダイなのです。（神戸第一高）（　　）
(9) スピーチを「演説」としたのはクシンの作である。（関西福祉科学大学高）（　　）
(10) 一晩の熟考をトロウに変える。（ラ・サール高）（　　）
(11) 社会生活のコンカンとも言える経済活動。（秋田県）（　　）

⑿　みんなで様々な対策をコウじる。（東京都立日比谷高）（　　）

⒀　生きづらさをウッタえる人も増えています。（奈良文化高）（　　）

⒁　笑顔でセッキャクする。（大阪府）（　　）

⒂　海洋汚染、有害化学物質のチクセキなど。（京都光華高）（　　）

⒃　「パパの月」がモウけられる。（箕面自由学園高）（　　）

⒄　インターネットは、人間を情報化するソウチ。（奈良文化高）（　　）

⒅　コンピュータをセイギョする。（東海大付大阪仰星高）（　　）

⒆　どうしてもトマドいが大きくなります。（福岡工大附城東高）（　　）

⒇　自覚的にダッキャクしなければならない時期。（博多女高）（　　）

(21)　新入部員をカンユウする。（帝塚山学院泉ヶ丘高）（　　）

(22)　負荷がかかっている状態をヨウニンする。（育英西高）（　　）

(23)　日本の学問を発達させるシゲキ。（京都成章高）（　　）

(24)　中国山地の美しいチョウボウ。（賢明学院高）（　　）

(25)　「集中力」を生み出すとされる脳リョウイキ。（大阪教大附高池田）（　　）

# 9 読みがな①

次の傍線部の漢字の読みをひらがなで書きなさい。

(1) あたりに漂う香り。（大阪夕陽丘学園高）（　　）
(2) 右手を高く掲げた。（昇陽高）（　　）
(3) のんびりした口調。（神戸常盤女高）（　　）
(4) 文化祭を催す。（群馬県）（　　）
(5) 自己満足に陥ってしまう。（好文学園女高）（　　）
(6) 強いて悩むことはない。（羽衣学園高）（　　）
(7) 柔和な表情をする。（高知県）（　　）
(8) どうやって戦いを挑むか。（育英西高）（　　）
(9) 自らを省みる。（大商学園高）（　　）
(10) 愉快に生きていくために必要だ。（奈良県）（　　）
(11) 独立した生計を営む。（九州産大付九州高）（　　）

⑿ 穏やかな声で言った。（中村学園女高）（　　）

⒀ 出て行ける雰囲気じゃなかった。（奈良大附高）（　　）

⒁ 水を運んで近くを潤した。（綾羽高）（　　）

⒂ 無事に目的を遂げる。（神奈川県）（　　）

⒃ 矛盾した言い方。（宮崎県）（　　）

⒄ 光が何かに遮られる。（東福岡高）（　　）

⒅ 政治に携わる。（中村学園女高）（　　）

⒆ 抑揚を付けて話す。（大阪国際高）（　　）

⒇ 借りてきた本を隅から隅まで読む。（山形県）（　　）

(21) 現地に赴く。（滋賀県）（　　）

(22) 頻繁に目にする。（精華女高）（　　）

(23) 全面をガラスが覆っている。（博多女高）（　　）

(24) 爪とくちばしとを鋭く研いだ。（広島県）（　　）

(25) 曖昧にぼかして答弁する。（四條畷学園高）（　　）

# 10 読みがな ②

次の傍線部の漢字の読みをひらがなで書きなさい。

(1) 式典は厳かに進められた。（華頂女高）（　　）
(2) アインシュタイン博士が唱えた相対性理論。（神戸星城高）（　　）
(3) わくわくするような気配に満ちていた。（神戸野田高）（　　）
(4) 技術が著しく進歩する。（甲子園学院高）（　　）
(5) 夏の日差しが和らぐ。（大阪府）（　　）
(6) 次を担う人に自分の持つ知識を伝える。（帝塚山高）（　　）
(7) 朝の仕度をする。（大阪信愛学院高）（　　）
(8) 本の背表紙を眺めていた。（芦屋学園高）（　　）
(9) 全データを会社は把握している。（神港学園高）（　　）
(10) お客様のご意見を承る。（滋賀県）（　　）
(11) 車は緩やかに徐行した。（東洋大附姫路高）（　　）

⑿ 建前と現実のギャップ。（九州産大付九州高）（　　）

⒀ 厄介なことが持ちあがる。（京都女高）（　　）

⒁ 英語などの主要言語に翻訳しにくい言葉。（大阪電気通信大高）（　　）

⒂ ことばによって他者を促す。（奈良大附高）（　　）

⒃ フランス～ドイツ～ベルギーを巡る旅。（英真学園高）（　　）

⒄ 心が弾む。（富山県）（　　）

⒅ 応急処置を施す。（北海道）（　　）

⒆ 材料を吟味する。（和歌山県）（　　）

⒇ 全力疾走で川原を走る。（奈良文化高）（　　）

(21) 弟を慰める。（栃木県）（　　）

(22) 人とのつながりを少しずつ丁寧に築こう。（神戸弘陵学園高）（　　）

(23) 幼かったときの私の脳裏に焼きついた。（雲雀丘学園高）（　　）

(24) 家族の間で交わされることば。（香ヶ丘リベルテ高）（　　）

(25) 彼女は仕事に全力を注ぐ。（金蘭会高）（　　）

# 11 読みがな ③

次の傍線部の漢字の読みをひらがなで書きなさい。

(1) 安易な考えだと注意する。 （神戸村野工高）（　　）
(2) 片方でエネルギーを費やす。 （福岡工大附城東高）（　　）
(3) 松の緑に映える。 （京都府立嵯峨野高）（　　）
(4) 太古の人々の暮らし。 （大阪府）（　　）
(5) 母の田舎に帰省する。 （滋賀短期大学附高）（　　）
(6) 会議の進行を妨げる。 （大阪国際高）（　　）
(7) 事前の準備を怠らなかった。 （京都廣学館高）（　　）
(8) 傾斜が急な山道をゆっくり上る。 （東京都）（　　）
(9) 木々が鮮やかに色づく。 （石川県）（　　）
(10) この本を胸に抱えて目を閉じる。 （京都光華高）（　　）
(11) 情報サービスが普及した今日の社会。 （大阪学芸高）（　　）

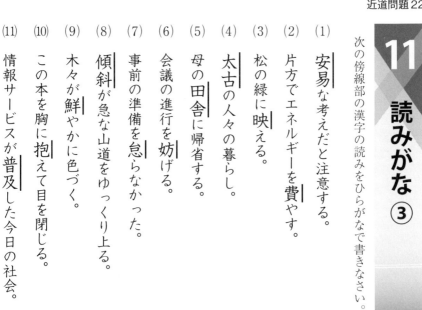

(12) 偉人の軌跡をたどる。（埼玉県）（　　）

(13) 十月も半ばに差しかかったころ。（奈良大附高）（　　）

(14) 仕事が滞る。（智辯学園和歌山高）（　　）

(15) がんばる姿に憧れる。（富山県）（　　）

(16) 投書が新聞に掲載される。（福島県）（　　）

(17) 友人に会釈する。（京都文教高）（　　）

(18) 数字にはさらに大きな危険性が潜んでいる。（大阪学院大高）（　　）

(19) たくさんのものを絞り出していく。（神戸第一高）（　　）

(20) 元気よく挨拶をする。（山梨県）（　　）

(21) 素敵な絵画を鑑賞する。（金蘭会高）（　　）

(22) 研究の視野を狭めなければならない。（立命館守山高）（　　）

(23) 相手の承諾を得る。（群馬県）（　　）

(24) 朗らかに返事をする。（高知県）（　　）

(25) 社会に貢献する。（芦屋学園高）（　　）

# 12 読みがな ④

次の傍線部の漢字の読みをひらがなで書きなさい。

(1) 士気を鼓舞する。（愛媛県）（　　）

(2) それは偏った考えだと私は思う。（関西福祉科学大学高）（　　）

(3) 弟が肩から提げた虫トリカゴ。（大阪信愛学院高）（　　）

(4) 人心の掌握に努める。（東京都立西高）（　　）

(5) 「おいしい実がなる木」を見極める。（兵庫大附須磨ノ浦高）（　　）

(6) 文章の体裁を整える。（常翔啓光学園高）（　　）

(7) 本心に敏感に反応する。（精華高）（　　）

(8) 旋律もひどく間延びしている。（京都女高）（　　）

(9) イライラばかりが募る。（神戸国際大附高）（　　）

(10) 道端にコスモスがたくさん咲いていた。（大阪暁光高）（　　）

(11) 先を見据えて働いている。（香川県）（　　）

(12) 堆積した残土。（東京都立国立高）（　　）
(13) 濁った眼《め》でぼんやり私を見上げていた。（大阪女学院高）（　　）
(14) 他人の言葉に惑わされる。（綾羽高）（　　）
(15) まず閲覧室に座ってもらえますか？（東福岡高）（　　）
(16) 自作の望遠鏡を披露しました。（神戸村野工高）（　　）
(17) いかにも新参者という風情で。（九州産大付九州高）（　　）
(18) 収入と支出の均衡を保つ。（新潟県）（　　）
(19) 洋服の破れを繕う。（宮城県）（　　）
(20) ダンパーが若干早く上がるようにする。（ノートルダム女学院高）（　　）
(21) 能の舞台には白い足袋を履いて上がる。（東京都立国分寺高）（　　）
(22) 木材の燃料消費は膨れ上がる。（プール学院高）（　　）
(23) 雪崩がおきる可能性があるから注意する。（橿原学院高）（　　）
(24) 本物のゾンビに遭遇する。（東大阪大敬愛高）（　　）
(25) 学校の授業で草履を作った。（報徳学園高）（　　）

# 13 読みがな⑤

次の傍線部の漢字の読みをひらがなで書きなさい。

(1) 多くの学生が集う。 (大商学園高) (　　)

(2) 理由を尋ねた。 (滋賀短期大学附高) (　　)

(3) データであって、生身の私ではない。 (神港学園高) (　　)

(4) 彼の潔い態度は賞賛された。 (東海大付大阪仰星高) (　　)

(5) 商店街のはずれから境内への道。 (筑陽学園高) (　　)

(6) 先発がおまえで抑えがオレだったら。 (滋賀学園高) (　　)

(7) 事態はこじれて収拾がつかなくなる。 (天理高) (　　)

(8) パンを牛乳に浸したもの。 (開明高) (　　)

(9) 怒ったのかと一瞬焦った。 (関西大倉高) (　　)

(10) 光沢のある素材を選ぶ。 (滋賀県) (　　)

(11) この時期には五月雨が降る。 (橿原学院高) (　　)

⑿ ブランドのイメージを大きく損なった。（あべの翔学高）（　　）
⒀ 陳列棚の後ろに身を隠した。（羽衣学園高）（　　）
⒁ 滑らかな画像の再現。（近江高）（　　）
⒂ 都会の雑踏。（京都文教高）（　　）
⒃ 目を凝らし、耳をそばだてる。（福岡舞鶴高）（　　）
⒄ 暗黒の冬が明け、太陽を慈しむ。（綾羽高）（　　）
⒅ 含蓄のある言葉を頂いた。（早稲田摂陵高）（　　）
⒆ 詳細な報告を受ける。（福島県）（　　）
⒇ 私には傑作は残せなかった。（星翔高）（　　）
(21) 真偽・善悪を見抜く。（大阪緑涼高）（　　）
(22) 異常気象や疫病が引き金となった。（神戸弘陵学園高）（　　）
(23) オリンピックを招致する。（鹿児島県）（　　）
(24) 合理的な科学と技術の先駆的な展開。（金光大阪高）（　　）
(25) 今後の海外進出を示唆した。（甲子園学院高）（　　）

# 14 同音・同訓

**1** 次の傍線部を漢字に直したものとして最も適当なものを、それぞれ後から選んで記号で答えなさい。（神戸龍谷高）

(1) 目標を達成するまでのカテイが大切だ。（　）
ア 課　イ 科　ウ 仮　エ 過

(2) 預金残高をショウカイする。（　）
ア 照　イ 招　ウ 紹　エ 詳

(3) 大きな布を半分にタつ。（　）
ア 立　イ 起　ウ 経　エ 裁

(4) 勇気をフルい起こす。（　）
ア 振　イ 震　ウ 奮　エ 揮

(5) 感染症への注意をカンキする。（　）
ア 換　イ 喚　ウ 歓　エ 環

**2** 次の傍線部のカタカナに当てはまる漢字をそれぞれ**ア**～**オ**から一つ選び、記号で答えなさい。（兵庫大附須磨ノ浦高）

(1) ① 体重をハカる。（　）
② 100m走のタイムをハカる。（　）
③ 家から学校までの距離をハカる。（　）
ア 量　イ 図　ウ 測　エ 謀　オ 計

(2) ① 社会にホウ仕する。（　）
② 洋画よりホウ画が好きだ。（　）
③ 今日の出来事をホウ告する。（　）
ア 邦　イ 方　ウ 奉　エ 法　オ 報

(3) ① ソク席ラーメンを作る。（　）
② メールの返事を催ソクする。（　）
③ 親のソク縛から逃れようとする。（　）
ア 足　イ 促　ウ 則　エ 即　オ 束

(4) ① テン覧会を開く。（　）
② 作文をテン削する。（　）
③ 国語辞テンを使って調べる。（　）
ア 典　イ 転　ウ 展　エ 添　オ 店

**3** 次の(1)～(5)の傍線部と同じ漢字を含むものとして最も適切なものを次から選び、それぞれ記号で答えなさい。（常翔啓光学園高）

(1) 病人のカイ助。（　）
ア 夏にカイ談を聞く。　イ 友人を紹カイする。

ウ　台風を警カイする。　エ　ダムが決カイする。
オ　カイ調に走る。

(2)　カン過できない事態。（　　）
ア　高温な日は発カンが多い。
イ　入部をカン誘する。
ウ　カン末の資料。
エ　カン単な問題。
オ　店のカン板。

(3)　会長にシュウ任する。（　　）
ア　名誉にシュウ着する。
イ　シュウ職が決まる。
ウ　奇シュウ攻撃をかける。
エ　転職でシュウ入が増えた。
オ　観シュウが多数集まる。

(4)　会社の業セキが上がる。（　　）
ア　セキ務を果たす。　イ　学校の成セキ。
ウ　セキ道直下の国。　エ　たくさんのセキ雪。
オ　姉が入セキした。

(5)　むだなテイ抗。（　　）
ア　宿題をテイ出する。　イ　三角形のテイ辺。
ウ　長いテイ防。　エ　法律にテイ触する。
オ　気温のテイ下。

**4**　次の(1)～(5)の傍線部（同音異義語）を漢字で書きなさい。（金蘭会高）

(1)　一年生イガイは社会見学に行っている。（　　）
(2)　イガイと簡単な問題だった。（　　）
(3)　番組がコウヒョウを博する。（　　）
(4)　氏名をコウヒョウする。（　　）
(5)　作品をコウヒョウする。（　　）

**5**　次の(1)・(2)の——線のカタカナを漢字に直しなさい。（開智高）

(1)　①　トらぬ狸《たぬき》の皮算用（　　）
②　写真をトる（　　）
③　会議で決をトる（　　）
(2)　①　雲一つないカイセイだ（　　）
②　電車のダイヤカイセイ（　　）
③　起死カイセイのホームラン（　　）

# 15 部首・筆順・書写

**1** 「囲」の部首を次から一つ選び、記号で答えなさい。（東大阪大柏原高）（　　）

ア　くにがまえ　イ　ふるとり
ウ　しめすへん　エ　まだれ

**2** 次の漢字の部首を後からそれぞれ選び、記号で答えなさい。（金光藤蔭高）

(1)　神（　　）　(2)　利（　　）　(3)　発（　　）
(4)　進（　　）　(5)　店（　　）

ア　はつがしら　イ　りっとう　ウ　しめすへん
エ　まだれ　オ　しんにょう

**3** 次の漢字の部首名を書きなさい。また、この漢字を楷書で書いた場合の総画数を書きなさい。（群馬県）

部首名（　　）　総画数（　　画）

**4** 「祝」の部首と同じ部首をもつ漢字を行書で書いたものを、ア～エから一つ選びなさい。（徳島県）（　　）

**5** 次の行書で書かれた漢字の部首の名称を、ひらがなで書きなさい。（高知県）（　　）

**6** 楷書《かいしょ》で書かれた次の熟語を見て、(1)、(2)に答えなさい。（北海道）

(1)　「特」の◯で囲んだ部分は何画目か書きなさい。（　　画目）

(2)　「技」と同じ部首が使われている漢字を、行書で書かれた次のア～クから選びなさい。（　　）

ア 枝　イ 徽　ウ 誓　エ 域
オ 孫　カ 独　キ 拠　ク 悠

**7** 次の□内の文は行書で書かれている。楷書で書くときと筆順が異なる漢字はどれか。当てはまるものを、後のア～オからすべて選び、その記号を書きなさい。
（奈良県）
（　　　）

山の緑に花の色が映える。

ア 山　イ 緑　ウ 花　エ 色　オ 映

**8** 次のA～Dの漢字について、楷書で書いた場合、同じ総画数になる組み合わせを、後のア～カの中から一つ選び、その記号を書きなさい。
（和歌山県）
（　　　）

A 泳　B 紀　C 雪　D 祝

ア AとB　イ AとC　ウ AとD
エ BとC　オ BとD　カ CとD

**9** 次の行書で書かれた漢字について、楷書で書く場合と比べて、点画の省略が見られる漢字はどれか。ア～オの中から一つ選びなさい。
（福島県）
（　　　）

ア 府　イ 秒　ウ 労　エ 探　オ 貯

**10** 次は、「格」という漢字を行書《ぎょうしょ》で書いたものである。楷書と比較したとき、◌で囲まれた①と②の部分に表れている行書の特徴の組み合わせとして最も適しているものを、後のア～エから一つ選び、記号を○で囲みなさい。
（大阪府）
（ア　イ　ウ　エ）

ア ①　点画の省略　②　点画の連続
イ ①　点画の連続　②　点画の省略
ウ ①　点画の省略　②　点画の省略
エ ①　点画の連続　②　点画の連続

# 16 熟語の構成・熟語の完成

**1** 次の(1)〜(5)の熟語の組み立てを、ア〜カのうちからそれぞれ一つずつ選び、記号で答えなさい。（近畿大泉州高）

(1) 廉売（　　）　(2) 衝突（　　）
(3) 屈伸（　　）　(4) 無尽（　　）
(5) 棄権（　　）

ア 同じような意味の漢字を重ねたもの
イ 反対または対応の意味を表す字を重ねたもの
ウ 上の字が下の字を修飾しているもの
エ 下の字が上の字の目的語・補語になっているもの
オ 主語と述語の関係にあるもの
カ 上の字が下の字の意味を打ち消しているもの

**2** (1)〜(5)の二字熟語と同じ構成の熟語を次のア〜オから一つずつ選び、符号で答えなさい。（神戸村野工高）

(1) 遊戯（　　）　(2) 甘言（　　）
(3) 未婚（　　）　(4) 得失（　　）
(5) 抜歯（　　）

ア 非道　イ 解雇　ウ 海賊　エ 出没　オ 欠乏

**3** 次の(1)〜(3)の熟語と構成が異なるものを、それぞれア〜エの中から一つずつ選び、その記号を書きなさい。（奈良文化高）

(1) 読書（　　）
ア 開幕　イ 登山
ウ 卒業　エ 絵画

(2) 因果（　　）
ア 愛憎　イ 損得
ウ 離陸　エ 悲喜

(3) 好景気（　　）
ア 全世界　イ 向上心
ウ 新発売　エ 公文書

**4** 次のうち、「迫真」と熟語の構成が同じものはどれか。一つ選び、記号を○で囲みなさい。（大阪府）

ア 僅差　イ 就職
ウ 緩慢　エ 授受

（ア　イ　ウ　エ）

**5** 次の三つの□に共通する漢字一字を答えなさい。（東大阪大柏原高）

□利・□角・□敏

（　　　）

**6** 次の(1)~(6)の漢字と反対の意味の漢字を【　】に入れて、二字の熟語を作りなさい。（答えは二字とも書くこと）（京都廣学館高）

(例) 公【　】→公私

(1) 新【　】　(2) 興【　】　(3) 清【　】

(4) 寒【　】　(5) 加【　】　(6) 賛【　】

(1) □□　(2) □□　(3) □□　(4) □□　(5) □□

(6) □□

**7** 次の(1)~(5)の意味になるように、後のア~コから漢字を選んで熟語を作り、記号で答えなさい。（箕面学園高）

(1) からだの構え方（　　）（　　）

(2) 気候があたたかなさま（　　）（　　）

(3) とうとびおもんずること（　　）（　　）

(4) 機械や体などの機能が正常に働かなくなること（　　）（　　）

(5) 音楽をかなでること（　　）（　　）

【語群】

ア 重　イ 勢　ウ 暖　エ 貴　オ 障

カ 姿　キ 故　ク 演　ケ 温　コ 奏

**8** 例にならい、上から下、左から右の順序で読んで二字熟語を四つ完成させられるように□に入る一字を答えなさい。（大阪成蹊女高）

例
習
数□問
大
《答え：学》数学、学問、大学、学習

(1)
球
円□抜
教

(2)
設
開□橋
高

(3)
春
送□合
歓

(4)
道
懐□和
温

(5)
得
格□豆
完

# 17 類義語・対義語

**1** 次の熟語の対義語（反対語）を、後の選択肢から一つ選んで記号で答えなさい。（神戸第一高）

(1) 稳健（　　）
ア 穏便　イ 安心　ウ 温厚
エ 過激　オ 破壊

(2) 供給（　　）
ア 不要　イ 共同　ウ 必要
エ 需要　オ 給与

(3) 勤勉（　　）
ア 勤労　イ 努力　ウ 態度
エ 労働　オ 怠慢

(4) 単純（　　）
ア 複雑　イ 複線　ウ 単独
エ 困難　オ 明快

(5) 自然（　　）
ア 都会　イ 人工　ウ 山野
エ 混雑　オ 自動

**2** 次の(1)～(5)のそれぞれの空欄に同じ漢字を入れると対義語の関係になる。適当なものを後のア～コから選び、記号で答えなさい。（大阪緑涼高）

(1) 及（　）↕落（　）　(2) 邦（　）↕洋（　）
(3) 公（　）↕領（　）　(4) 平（　）↕非（　）
(5) 合（　）↕独（　）

ア 開　イ 海　ウ 同　エ 唱　オ 画
カ 人　キ 弁　ク 断　ケ 凡　コ 第

(1)（　　）　(2)（　　）　(3)（　　）　(4)（　　）
(5)（　　）

**3** 次の(1)～(5)の言葉の対義語をそれぞれ後から選び、漢字に直して答えなさい。（芦屋学園高）

(1) 損失（　　）　(2) 理想（　　）
(3) 消費（　　）　(4) 短縮（　　）
(5) 支出（　　）

・くうそう　・しゅうにゅう　・えんちょう
・げんじつ　・せいさん　・しょうもう
・そんがい　・けんりょく　・りえき
・しゅくしょう

**4** 次の各語の対義語を、それぞれ漢字二字で答えなさい。（近江兄弟社高）

(1) 禁止 □□　(2) 主観 □□

**5** 次の**ア**〜**エ**それぞれの熟語の組み合わせのうち、二つの熟語の関係が類義語となっているものを一つ選び、その記号を書きなさい。（高知県）

（　　）

**ア** 親切―厚意　**イ** 天然―人工

**ウ** 難解―平易　**エ** 保守―革新

**6** 次の傍線部の言葉と同じ意味の言葉を後の語群からそれぞれ選び、記号で答えなさい。（華頂女高）

(1) 折衷案にした。（　　）

(2) 当初の目標を完遂した。（　　）

(3) 調査結果は順々に発表します。（　　）

語群 **ア** 達成　**イ** 随時　**ウ** 妥協

**エ** 協力　**オ** 逐次

**7** 次の(1)から(6)の熟語が類義語・対義語の関係になるように□にあてはまる漢字一字を答えなさい。（綾羽高）

〈類義語〉

(1) 簡単＝容□　(2) 関心＝□味　(3) 没頭＝□念

〈対義語〉

(4) 安全⇔危□　(5) 起床⇔□寝　(6) 永遠⇔□間

**8** 次の(1)〜(10)の——部のカタカナを漢字に直しなさい。なお、(1)〜(5)は対義語の関係で(6)〜(10)は類義語の関係です。（箕面学園高）

【対義語】

(1) 拡大―シュクショウ（　　）

(2) 義務―ケンリ（　　）

(3) 応答―シツモン（　　）

(4) 地味―ハデ（　　）

(5) 通常―リンジ（　　）

【類義語】

(6) 重荷＝フタン（　　）

(7) 処理＝シマツ（　　）

(8) 給料＝チンギン（　　）

(9) 快活＝メイロウ（　　）

(10) 進歩＝ハッテン（　　）

# 18 四字熟語

**1** 次の(1)～(5)の空欄部□にそれぞれ漢数字一字を補い、四字熟語を完成させなさい。（明浄学院高）

(1) 危機□髪　(2) □方美人　(3) 一石□鳥

(4) □苦八苦　(5) □死一生

**2** 次の(1)～(4)について、後のカタカナを漢字に直して□に入れ、四字熟語を完成させなさい。（奈良文化高）

(1) 自画自□（自分でかいた絵を自分でほめること）

(2) □刀直入（前置きなしにずばり本題に入ること）

(3) 傍□無人（勝手気ままにふるまうこと）

(4) 支離□裂（筋が通っていない様子）

キョウ　サン　ジャク　タン　メツ　ユウ

**3** 次の(1)・(2)の□に入る漢字として適当なものを後から選び、記号で答えなさい。（京都文教高）

(1) ①（　　）②（　　）

(2) ③（　　）④（　　）

(1) ①差②別　(2) ③④令色

ア 大　イ 万　ウ 一　エ 巧　オ 味

カ 美　キ 百　ク 才　ケ 離　コ 言

サ 麗　シ 千　ス 小　セ 天

**4** 次の文中の四字熟語の空らんに後から適当な漢字を入れて、四字熟語を完成させなさい。（大阪女学院高）

(1) 茶道では、一□一□の縁を大切にする。

(2) 試合経過に一□一□しながら、弟の応援をする。

(3) 職人の技は一□一□に究められるものではない。

季　期　喜　長　朝　菜　回

汁　優　夕　憂　短　会　後

**5** 次の空欄に対になる漢字を入れ、四字熟語を完成させなさい。（大阪産業大附高）

(1) □往□往　(2) 空□絶□

(3) 三□四□　(4) 針□棒□

**6** 次の(1)～(5)の四字熟語を完成させなさい。ただし、四字熟語の意味はそれぞれの下にあります。（上宮高）

(1) 五里□□　迷って方針や見込みなどの立たないこと。

(2) 森□万□　この世に存在するすべてのもの。

(3) □□東風　意見や注意を、全く気にもとめずに聞き流すこと。

(4) 泰□自□　落ち着いていて、どんなことにも動じないさま。

(5) 電□石□　行動などが非常に素早いさま。

**7** 次の四字熟語の空欄に適する語をそれぞれ漢字一字で答えなさい。（橿原学院高）

(1) 快□乱麻　(2) □善懲悪　(3) 起承□結

(4) □想天外　(5) 徹頭徹□

**8** 次の(1)～(5)の四字熟語の空欄に当てはまる漢字としてふさわしいものを、次の選択肢ア～キの中から、また、その四字熟語の意味をサ～ソの中からそれぞれ一つずつ選び、記号で答えなさい。（宣真高）

(1) □進月歩（　）（　）

(2) 雲散□消（　）（　）

(3) 縦横無□（　）（　）

(4) 晴耕雨□（　）（　）

(5) 大□晩成（　）（　）

ア 機　イ 読　ウ 霧　エ 人

オ 器　カ 日　キ 尽

サ どこまでも自由自在で、はてのないこと

シ 大人物は遅れて立派になること

ス 自然の中でゆうゆう自適に生活すること

セ あとかたもなく消えてなくなること

ソ 絶え間なく急速に進歩すること

**9** 次の四字熟語の——部の誤りをそれぞれ正しい漢字に直しなさい。（金蘭会高）

(1) 孤立無演（　）　(2) 羊当狗肉（　）

(3) 抱服絶倒（　）　(4) 責任点嫁（　）

(5) 隆頭蛇尾（　）

**10** 次の漢字を入れ換えて四字熟語にしなさい。（アナン学園高）

(1) 罰戒一百（　）　(2) 東文二三（　）

(3) 暮朝三四（　）　(4) 裂分四五（　）

(5) 千万来客（　）　(6) 中八九十（　）

# 19 慣用句・ことわざ・故事成語

**1** 次の慣用句の空欄に入る体の一部を漢字で答えなさい。また意味として正しいものを後の中から選び、それぞれ記号で答えなさい。（同じ記号は二度以上使用しないこと。）（大阪産業大附高）

(1) □を引っぱる（　　）（　　）
(2) □を借りる（　　）（　　）
(3) □を長くする（　　）（　　）
(4) □が低い（　　）（　　）

**ア** 待ち遠しく思う
**イ** 他人のじゃまをする
**ウ** 力の勝った相手に積極的に戦いを挑む
**エ** 他人に対してへりくだる

**2** 次の(1)〜(5)の空欄に生き物の名前を入れると、下の意味に合う慣用句になる。適当なものを後の**ア**〜**コ**から選び、記号で答えなさい。（大阪緑涼高）

(1)（　　）がえり……すぐに引き返す
(2)（　　）の涙……とても少ない
(3)（　　）登り……どんどん上がる
(4)（　　）芝居……浅はかな企み
(5)（　　）の子……大切なもの

**ア** 犬　**イ** 蛙　**ウ** とんぼ　**エ** 虎
**オ** うなぎ　**カ** 鯛　**キ** 雀　**ク** とんび
**ケ** 猿　**コ** 亀

**3** 次の文中の〔　　〕にあてはまる最も適当なことばを、後の**ア**から**エ**までの中から選んで、そのかな符号を書きなさい。（愛知県）

すばらしい演奏を聴き、感動の余韻に〔　　〕。（　　）

**ア** 沈む　**イ** 浸る　**ウ** 注ぐ　**エ** 浮かぶ

**4** 次の文中の傍線を付けたことばが「最後までやり通して立派な成果をあげる」という意味になるように、□にあてはまる漢字一字を、後の**ア**〜**エ**から一つ選び、記号を〇で囲みなさい。（大阪府）

大会の決勝戦で勝利し、有□の美を飾る。（**ア**　**イ**　**ウ**　**エ**）

**ア** 収　**イ** 秀　**ウ** 修　**エ** 終

**5** 次の□には同じ適語が入る。それぞれ漢字一字

で入れ、ことわざを完成させなさい。（香ヶ丘リベルテ高）

(1)（　　）(2)（　　）(3)（　　）(4)（　　）

(1) □の顔も三度・知らぬが□

(2) 魚心あれば□心・立て板に□

(3) □橋をたたいて渡る・他山の□

(4) 犬も歩けば□に当たる・鬼に金□

**6** 次の(1)〜(5)の空所に入り、（　）内の意味の慣用句を作る言葉をそれぞれ後から選び、記号で答えなさい。（花園高）

(1)（　　）(2)（　　）(3)（　　）(4)（　　）

(5)（　　）

(1) □を食う（突然の出来事に驚きあわてること）

(2) □をのむ（はっと驚いたり、感動したりすること）

(3) 木で□をくくる（きわめてそっけない、または冷淡な態度をとること）

(4) とりつく□もない（全く相手にせず、話を取り合おうとしないこと）

(5) □に火を灯す（非常にけちなこと）

**ア** 暇　**イ** 島　**ウ** 水　**エ** 泡　**オ** 鼻

**カ** 口　**キ** 息　**ク** 首　**ケ** 爪　**コ** 顔

---

**7** 次の(1)〜(5)の慣用句・ことわざの空欄に当てはまる漢字と、共通の漢字を空欄にふくむ慣用句・ことわざをそれぞれ後の選択肢から一つずつ選び、**ア**〜**オ**の記号で答えなさい。（宣真高）

(1) 一□を投じる（　　）

(2) 一□報いる（　　）

(3) □の空（　　）

(4) □もゆかりもない（　　）

(5) うどの大□（　　）

**ア** 好きこそものの□手なれ　**イ** □を見て森を見ず

**ウ** □の上にも三年　**エ** 光陰□の如し

**オ** 袖振り合うも多生の□

**8** 次の慣用句やことわざの意味として適当なものをそれぞれ後の**ア**〜**エ**より選び、記号で答えなさい。（華頂女高）

(1) 肝をつぶす（　　）　(2) 骨が折れる（　　）

(3) 馬の耳に念仏（　　）　(4) ぬかに釘（　　）

**ア** 困難である。労力がいる

**イ** 手応えのないこと

**ウ** ひどく驚くこと

**エ** 注意しても効果がないこと

**9** 次の(1)~(5)の慣用句の意味を後からそれぞれ一つずつ選び、記号で答えなさい。（開智高）

(1) 餅《もち》は餅屋（　　）
(2) 眉をひそめる（　　）
(3) 転ばぬ先の杖《つえ》（　　）
(4) 朱に交われば赤くなる（　　）
(5) 藪《やぶ》から棒（　　）

【意味】 **ア** 感化　**イ** 唐突　**ウ** 用心
**エ** 不快　**オ** 専門

**10** 次の(1)・(2)のことわざと反対の意味をもつことわざを後の**ア**~**オ**の中からそれぞれ選び、記号で答えなさい。（賢明学院高）

(1) 急《せ》いては事を仕損ずる（　　）
(2) 君子危うきに近寄らず（　　）

**ア** 君子は器ならず　**イ** 泣き面に蜂
**ウ** 先んずれば人を制す　**エ** 人を見たら泥棒と思え
**オ** 虎穴に入らずんば虎子を得ず

**11** 次の空欄に入る最も適切な語を後の**ア**~**コ**から選び記号で答えなさい。（神戸学院大附高）

(1) 〔　　〕不確かな情報を信じる必要はない。
(2) ここで諦めると〔　　〕ので、もうひと踏《ふ》ん張りしよう。
(3) アドバイスがうまく結果につながらず、コーチとして〔　　〕。
(4) 生まれたばかりの子猫は〔　　〕くらいに可愛らしい。
(5) 幼馴染《おさななじみ》の彼らは、いつまでも〔　　〕存在だ。

**ア** 気が置けない　**イ** 気が気でない
**ウ** 血も涙もない　**エ** 目に入れても痛くない
**オ** 元も子もない　**カ** 手も足も出ない
**キ** 根も葉もない　**ク** 立つ瀬がない
**ケ** 歯が立たない　**コ** 手に負えない

**12** 次の(1)~(5)の空欄□に漢字一字を補い熟語を完成させなさい。（橿原学院高）

(1) 皮□用（手に入らないうちからの計算）
(2) □源郷（俗世間を離れた理想郷）
(3) 好□家（もの好きな人）
(4) □竜門（立身出世のための関門）
(5) □飯事（ごくありふれた普通のこと）

# 解答・解説

・間違えた問題は、何度も書いて覚えよう。
・同じ読み方の漢字を混同しないように注意しよう。

## 1 書きとり①

(1) 営
(2) 過程
(3) 容易
(4) 穏
(5) 普及
(6) 預
(7) 借
(8) 専門
(9) 典型
(10) 指摘
(11) 垂
(12) 真剣
(13) 維持
(14) 面倒
(15) 緊張
(16) 複雑
(17) 発揮
(18) 著
(19) 獲得
(20) 把握
(21) 後悔
(22) 展開
(23) 衛星
(24) 余裕
(25) 記憶

## 2 書きとり②

(1) 意外
(2) 接触
(3) 我慢
(4) 環境
(5) 縮
(6) 証拠
(7) 浸透
(8) 臨
(9) 錯覚
(10) 済
(11) 矛盾
(12) 敏感
(13) 刻
(14) 衝突
(15) 徹底
(16) 範囲
(17) 対象
(18) 陥
(19) 遺産
(20) 更新
(21) 誇
(22) 推移
(23) 飼
(24) 丁寧
(25) 余地

## 3 書きとり③

(1) 順序
(2) 分析
(3) 抵抗
(4) 困
(5) 創造
(6) 対照
(7) 簡単
(8) 浴
(9) 隠
(10) 幅
(11) 率
(12) 圧倒
(13) 招
(14) 転換
(15) 誤解
(16) 催
(17) 効率
(18) 退屈
(19) 壁
(20) 納得
(21) 絞
(22) 慎重
(23) 唐突
(24) 緩
(25) 魅力

## 4 書きとり④

(1) 操
(2) 栽培
(3) 特徴
(4) 純粋
(5) 詳
(6) 動機
(7) 保証
(8) 負担
(9) 理屈
(10) 喪失
(11) 端的
(12) 幹
(13) 発展
(14) 迎
(15) 操作
(16) 事態
(17) 演奏
(18) 暴
(19) 経緯
(20) 愉快
(21) 指針
(22) 異議
(23) 揺
(24) 放棄
(25) 簡潔

---

## 5 書きとり⑤

(1) 成績
(2) 幼
(3) 招待
(4) 並
(5) 意図
(6) 覚悟
(7) 照
(8) 保障
(9) 活躍
(10) 交渉
(11) 似
(12) 規模
(13) 前提
(14) 資質
(15) 原稿
(16) 収穫
(17) 委
(18) 訓練
(19) 排除
(20) 群
(21) 円熟
(22) 貯蔵
(23) 抱
(24) 飽
(25) 懸命

---

## 6 書きとり⑥

(1) 印象
(2) 払
(3) 慣
(4) 一切
(5) 避
(6) 筋
(7) 悔
(8) 選択
(9) 勧
(10) 偶然
(11) 薄
(12) 孤独
(13) 不審
(14) 奮
(15) 候補
(16) 検討
(17) 破壊
(18) 携帯
(19) 織
(20) 変換
(21) 影響
(22) 微妙
(23) 隣
(24) 厳密
(25) 恐縮

## 7 書きとり ⑦

(1) 素直
(2) 確立
(3) 乏
(4) 拒
(5) 派手
(6) 健全
(7) 補
(8) 起因
(9) 澄
(10) 自問
(11) 絶好
(12) 体系
(13) 恩恵
(14) 核心
(15) 膨大
(16) 耕
(17) 犠牲
(18) 深刻
(19) 駆使
(20) 仲裁
(21) 組織
(22) 平静
(23) 模型
(24) 郵便
(25) 顕著

## 8 書きとり ⑧

(1) 訪
(2) 企画
(3) 険
(4) 冷
(5) 広告
(6) 昆虫
(7) 勇
(8) 偉大
(9) 苦心
(10) 徒労
(11) 根幹
(12) 講
(13) 訴
(14) 接客
(15) 蓄積
(16) 設
(17) 装置
(18) 制御
(19) 戸惑
(20) 脱却
(21) 勧誘
(22) 容認
(23) 刺激
(24) 眺望
(25) 領域

## 9 読みがな ①

(1) ただよ
(2) かか
(3) くちょう
(4) もよお
(5) おちい
(6) し
(7) にゅうわ
(8) いど
(9) かえり
(10) ゆかい
(11) いとな
(12) おだ
(13) ふんいき
(14) うるお
(15) と
(16) むじゅん
(17) さえぎ
(18) たずさ
(19) よくよう
(20) すみ
(21) おもむ
(22) ひんぱん
(23) おお
(24) と
(25) あいまい

## 10 読みがな ②

(1) おごそ
(2) とな
(3) けはい
(4) いちじる
(5) やわ
(6) にな
(7) したく
(8) なが
(9) はあく
(10) うけたまわ
(11) ゆる
(12) たてまえ
(13) やっかい
(14) ほんやく
(15) うなが
(16) めぐ
(17) はず
(18) ほどこ
(19) ぎんみ
(20) しっそう
(21) なぐさ
(22) ていねい
(23) のうり
(24) か
(25) そそ

## 11 読みがな ③

(1) あんい
(2) つい
(3) は
(4) たいこ
(5) いなか
(6) さまた
(7) おこた
(8) けいしゃ
(9) あざ
(10) かか
(11) ふきゅう
(12) きせき
(13) なか
(14) とどこお
(15) あこが
(16) けいさい
(17) えしゃく
(18) ひそ
(19) しぼ
(20) あいさつ
(21) かいが
(22) せば
(23) しょうだく
(24) ほが
(25) こうけん

## 12 読みがな ④

(1) こぶ
(2) かたよ
(3) さ
(4) しょうあく
(5) みきわ
(6) ていさい
(7) びんかん
(8) せんりつ
(9) つの
(10) みちばた
(11) みす
(12) たいせき
(13) にご
(14) まど
(15) えつらん
(16) ひろう
(17) ふぜい
(18) きんこう
(19) つくろ
(20) じゃっかん
(21) たび
(22) ふく
(23) なだれ
(24) そうぐう
(25) ぞうり

## 13 読みがな ⑤

(1) つど
(2) たず
(3) なまみ
(4) いさぎよ
(5) けいだい
(6) おさ
(7) しゅうしゅう
(8) ひた
(9) あせ
(10) こうたく
(11) さみだれ
(12) そこ
(13) ちんれつ
(14) なめ
(15) ざっとう
(16) こ
(17) いつく
(18) がんちく
(19) しょうさい
(20) けっさく
(21) しんぎ
(22) えきびょう
(23) しょうち
(24) せんく
(25) しさ

## 14 同音・同訓

**回 解答 回**

**1** (1) エ　(2) ア　(3) エ　(4) ウ　(5) イ
**2** (1) ① ア　② オ　③ ウ　(2) ① ウ　② ア　③ オ
(3) ① エ　② イ　③ オ　(4) ① ウ　② エ　③ ア
**3** (1) イ　(2) オ　(3) イ　(4) イ　(5) エ
**4** (1) 以外　(2) 意外　(3) 好評　(4) 公表　(5) 講評
**5** (1) ① 捕　② 撮　③ 採　(2) ① 快晴　② 改正　③ 回生

**◇ 解説 ◇**

**1** (1) 「過程」と書く。
(2) 「照会」と書く。
(5) 「喚起」と書く。
**3** (1) 「介」と書く。アは「怪」、ウは「戒」、エは「壊」、オは「快」。
(2) 「看」と書く。アは「汗」、イは「勧」、ウは「巻」、エは「簡」。
(3) 「就」と書く。アは「執」、ウは「襲」、エは「収」、オは「衆」。
(4) 「績」と書く。アは「責」、ウは「赤」、エは「積」、オは「籍」。
(5) 「抵」と書く。アは「提」、イは「底」、ウは「堤」、オは「低」。

## 15 部首・筆順・書写

回 解答 回

**1** ア

**2** (1) ウ (2) イ (3) ア (4) オ (5) エ

**3** (部首名) たけかんむり (総画数) 十八(画)

**4** エ

**5** れっか(または、れんが)

**6** (1) 四(画目) (2) キ

**7** イ・ウ

**8** オ

**9** イ

**10** ア

◇ 解説 ◇

**4** 「ネ」。アの部首は「米」、イは「禾」、ウは「扌」。

**6** (2) 部首は「てへん」。アはきへん。イはぎょうにんべん。ウはごんべん。エはつちへん。オはこへん。カはけものへん。クはしたごころ。

**7** 糸へんの四～六画目は、左から順に書く。また、草かんむりも、二・三画目から先に書く。

**8** Aは八画、Bは九画、Cは十一画、Dは九画。

**10** ①では、「木」の四画目が省略されている。②では、「口」の二画目と三画目が連続している。

## 16 熟語の構成・熟語の完成

回 解答 回

**1** (1) ウ (2) ア (3) イ (4) カ (5) エ

**2** (1) オ (2) ウ (3) ア (4) エ (5) イ

**3** (1) エ (2) ウ (3) イ

**4** イ

**5** 鋭

**6** (1) 新旧 (2) 興亡 (3) 清濁 (4) 寒暖 (5) 加減 (6) 賛否

**7** (1) カ・イ (2) ケ・ウ (3) エ・ア (4) キ・オ (5) ク・コ

**8** (1) 卓 (2) 架 (3) 迎 (4) 柔 (5) 納

◇ 解説 ◇

**3** (1) エは、同意の漢字の組み合わせ。他は、上の漢字が動作を表し、下の漢字がその対象を表している。

(2) ウは、上の漢字が動作を表し、下の漢字がその対象を表している。他は、反意の漢字の組み合わせ。

(3) イは、上の二字熟語が、下の一字を修飾している。他は、上の一字が、下の二字熟語を修飾している。

**4** 上の漢字が動作を表し、下の漢字がその対象を表している。アは、上の漢字が下の漢字を修飾している。ウは、同意の漢字の組み合わせ。エは、反意の漢字の組み合わせ。

## 17 類義語・対義語

**解答**

**1** (1)エ (2)エ (3)オ (4)ア (5)イ
**2** (1)コ (2)オ (3)イ (4)ケ (5)エ
**3** (1)利益 (2)現実 (3)生産 (4)延長 (5)収入
**4** (1)許可(または、解禁) (2)客観
**5** ア
**6** (1)ウ (2)ア (3)オ
**7** (1)易 (2)興 (3)専 (4)険 (5)就 (6)瞬
**8** (1)縮小 (2)権利 (3)質問 (4)派手 (5)臨時 (6)負担
(7)始末 (8)賃金 (9)明朗 (10)発展

**解説**

**4** (1)してはいけないという意味の反対なので、してもよいという意味の語を考える。
(2)個人のものの見方の反対なので、周囲や第三者から見たものの見方を意味する語を考える。
**5** イ～エは対義語。
**6** (1)それぞれのよいところをとり、一つにまとめること。
(2)終わりまで成し遂げること。
(3)順序をおって、次々に、という意味。

## 18 四字熟語

**解答**

**1** (1)一 (2)八 (3)二 (4)四 (5)九
**2** (1)賛 (2)単 (3)若 (4)滅
**3** (1)①シ ②イ (2)③エ ④コ
**4** (1)(一)期(一)会 (2)(一)喜(一)憂 (3)(一)朝(一)夕
**5** (1)右(往)左(往) (2)(空)前(絶)後 (3)(三)寒(四)温
(4)(針)小(棒)大
**6** (1)(五里)霧中 (2)(森)羅(万)象 (3)馬耳(東風)
(4)(泰)然(自)若 (5)(電)光(石)火
**7** (1)刀 (2)勧 (3)転 (4)奇 (5)尾
**8** (1)カ・ソ (2)ウ・セ (3)キ・サ (4)イ・ス (5)オ・シ
**9** (1)援 (2)頭 (3)腹 (4)転 (5)竜
**10** (1)一罰百戒 (2)二束三文 (3)朝三暮四 (4)四分五裂
(5)千客万来 (6)十中八九

**解説**

**3** (2)人にこびて、うわべだけのお世辞を言ったり、愛想をよくしたりすること。
**7** (1)「快刀乱麻を断つ」で、複雑な問題を鮮やかに解決するという意味。
**9** (2)見かけと実質が一致しないこと。
**10** (1)一人の罪を罰して、多くの人の戒めにすること。

# 19 慣用句・ことわざ・故事成語

回 **解答** 回

**1** （漢字・意味の順に）⑴ 足・イ ⑵ 胸・ウ ⑶ 首・ア ⑷ 腰・エ

**2** ⑴ ウ ⑵ キ ⑶ オ ⑷ ケ ⑸ エ

**3** イ

**4** エ

**5** ⑴ 仏 ⑵ 水 ⑶ 石 ⑷ 棒

**6** ⑴ エ ⑵ キ ⑶ オ ⑷ イ ⑸ ケ

**7** ⑴ ウ ⑵ エ ⑶ ア ⑷ オ ⑸ イ

**8** ⑴ ウ ⑵ ア ⑶ エ ⑷ イ

**9** ⑴ オ ⑵ エ ⑶ ウ ⑷ ア ⑸ イ

**10** ⑴ ウ ⑵ オ

**11** ⑴ キ ⑵ オ ⑶ ク ⑷ エ ⑸ ア

**12** ⑴ 算 ⑵ 桃 ⑶ 事 ⑷ 登 ⑸ 茶

◇ **解説** ◇

**10** ⑴ 物事を焦ってやると失敗しがちであること。

⑵ 立派な人物は身を慎み、危険なことをしないことを意味する。**ア**は、すぐれた人物は一つの分野の才能だけでなく、あらゆることで才能を発揮できるということ。**ウ**は、人よりも先に物事を行えば、有利な立場に立てること。**エ**は、人を簡単に信用してはいけないこと。